まんがでわかる

頭に来ても
アホ
とは戦うな!

田村耕太郎 著　秋内常良 シナリオ　松枝尚嗣 作画

朝日新聞出版

主な登場人物

仁《じん》野《の》　ひとみ

株式会社ワンダフルダイニング企画営業部。入社4年目。店舗経験を経て、本部へ異動してきた。正義感や責任感が強く、真面目に努力するタイプだが、時にそれが仇となって空回りしてしまうことも。時代劇が好き。

梶《かじ》　徹《てつ》也《や》

ひとみの行きつけの飲み屋「和楽」の常連。見た目はダンディだが、言動はおちゃらけている。しかし実は、組織でのし上がってきた凄腕ビジネスマンで、その経験をもとに自ら会社を経営する有名なコミュニケーションコンサルタント。

中島《なかじま》　泰儀《やすよし》

株式会社ワンダフルダイニング企画営業部5年目。現場をあまり経験せずに、現在の部署に配属された。自分が目立ちたいのだが、後から入ってきたひとみの能力の高さに、内心嫉妬し、仕方なく上司にゴマをすっている。

岡《おか》和《わ》田《だ》　慶《けい》三《ぞう》

株式会社ワンダフルダイニング企画営業部部長。ひとみの上司。思いついたことを好き勝手に言って、責任は誰かになすりつける。常に社長の顔色をうかがい、出世を目指している。

谷川《たにかわ》　善《ぜん》二《じ》郎《ろう》

株式会社ワンダフルダイニング社長。組織の変革を求めている。思慮深い人格者。

プロローグ

アホと戦うのは人生の無駄

ちがうだろ
仁野！
WD
ワンダフル ダイニング
俺が頼んだのは
市場調査だろ！
ワンダフルダイニング
企画営業部　部長
岡和田《おかわだ》 慶三《けいぞう》
え…
でも部長……
またこれで
時間の無駄だ！
勘弁してくれよ！
企画営業部
仁野《じんの》 ひとみ
市場調査？
そんなのは
後回しだ！
宣伝の企画書
作ってこい！
はい…
お前が言ったから
そうしたん
だろうが……！

第1会議室
現場の声を汲み取れる仕組み作りが今後は大事かと……
そんなのお前が現場にいい顔したいだけだろ？
企画営業部
先輩
中島《なかじま》 泰儀《やすよし》
はい？
現場に本部の要求をやらせるのがうちらの仕事だって言ってんの
お言葉ですが現場にその要求をやってもら…
お言葉だよ
単にお前の管理能力が低いだけだよ！
くっ……この野郎……！

和楽
何なのよあいつら!!
言ってることはコロコロ変わるし!いちゃもんばっかつけてくるし!
大変だね…
なんで真面目にやってる私だけがこんなに苦しまなきゃなんないのよ!!
ガララ

生きてるだけで儲けモノ!!
今宵も皆さん笑って楽しく飲んじゃいましょ～!
和楽 常連
梶《かじ》 徹也《てつや》
梶さんいらっしゃい
よっ
お! ひとみちゃんまぶしい!
………
今日も神々しすぎて見えないよ～!
どいつもこいつも……
サングラスつけないと目を痛める
なんてテキトーなの!
真面目な人が苦しむこんな世の中絶対間違ってるでしょ!!

そんな
ある日—
人口は減り孤食が増え
わが社も時代の変化に
対応しなければ
生き残れない！
ついては
ここにいる全員に
社長へ
新業態店舗の企画案を
プレゼンしてもらう
ことになった！
ざわ
社長に直接って
すごいチャンス！
がんばろう！
………
いいな
必ず
社長の気に入る
企画案を
考え出してこい！

なのに…
イベント用Tシャツ200枚作って
なんで私が
これやれ
ちょっ…
何これ…
あれやれ
ぜんぜん企画の時間を取れない～！
和楽
こんなのあんまりよ！

……系列のファミレスでバイトしてた頃はまさかこんな会社だとは思わなかったなぁ……
高校生時代ー
お待たせしました！
ん？これ注文と違うよ
え？
申し訳ございません！ただいま取り替えてまいります！
作り直し？勘弁してくれよ！
ごめんなさい……！
ぐずぐず
一生懸命やってるのに私ってグズなのかな……

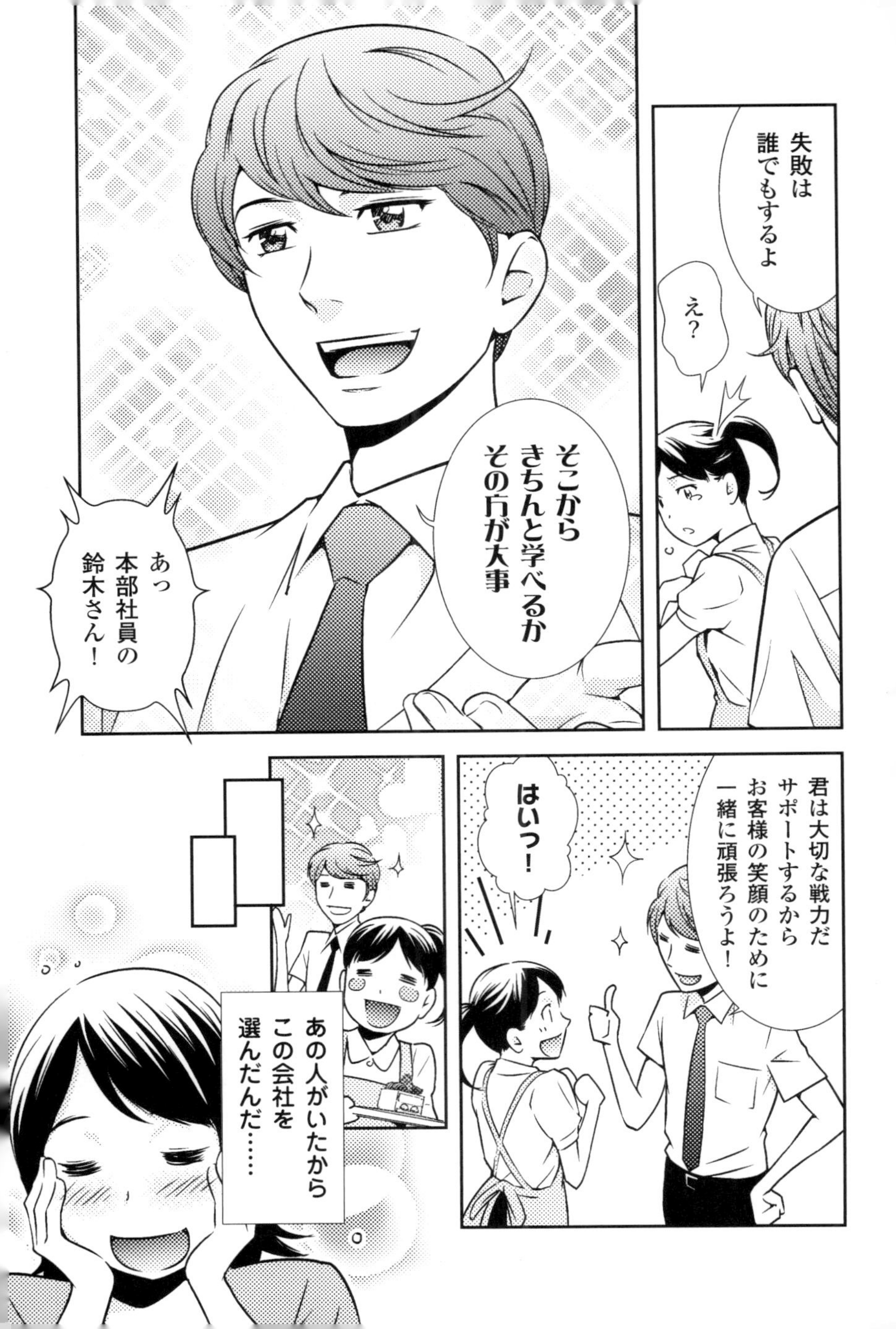
失敗は誰でもするよ
え？
そこからきちんと学べるかその方が大事
あっ本部社員の鈴木さん！
君は大切な戦力だサポートするからお客様の笑顔のために一緒に頑張ろうよ！
はいっ！
あの人がいたからこの会社を選んだんだ……

なのに
フタ開けたら
こいつらって…
はぁぁぁぁ
ひとみちゃ～ん！
どうしたの
見るからに
困り果てちゃって
たまにはこの
イケてるメンズに
相談してみなよ～
※鈴木は翌年退社
会社の
テキトーな人たちに
振り回されて
困り果ててるんですよ
私は
うぉら！
それは大変だ！
大変なんて
もんじゃ……
う～
超大変だ！
……
もう！だから！
テキトーな
イケてるメンズなんかに
相談しても無駄なんです
あれ？
ひとみちゃん
知らなかった？
はい？

梶さんね
業界では
かなり有名な
コミュニケーション
コンサルタントなんだよ
嘘でしょ？
実は
超一流なの
講演会
いつも超満員
…まあいいから
話してみてよ
ひとみちゃんなら
特別に
無料で相談
受けちゃうからさ
……
…なるほど
和楽
私どうしたら
いいですか…
そうだね
そういう場合
僕から言える
アドバイスは
ただ一つ……

そんなアホとは戦うな!!

えっ……
アアホ!?
そう!
アホ!
ア〜ホッ!
いいかい?
人生で何が
もったいない
かって……
アホに使う時間ほど
もったいない
ものはな〜いっ!!
!!
アホはね
いつまでたっても
アホなんだよ!
だから
そんなアホとは
戦っちゃ
いけないいっっ!
な…
何言ってるの
この人〜〜〜!?

「アホと戦わない」のは、最強の人生戦略

本書は、『頭に来てもアホとは戦うな！』（朝日新聞出版）のコミカライズ版である。「人間関係を思い通りにし、最高のパフォーマンスを実現する方法」のサブタイトルの通り、職場などで先輩や上司との関係に悩むビジネスパーソンを中心に支持をいただき、70万部を突破した。そのエッセンスを抽出し漫画化することで、誰にでも楽しく読める一冊になったと自負している。

私がこの本で送りたいメッセージは、単なるコミュニケーションの技術でない。

人生戦略である。

アホと戦うことで、「限られた資源を無駄使いするな」ということだ。時間もエネルギーもタイミングも、たった一度の人生を思い切り謳歌《おうか》するための、限られた財産

である。それを「アホと戦う」というマイナスにしかならない使い方で浪費するなと言いたいのだ。

ここで言う「アホ」とは、むやみやたらとあなたの足を引っ張る人のことだ。会議でなぜかあなたの発言だけにいちゃもんをつけたり、チームメイトなのに明らかに敵意を見せつけて協力的な態度をとらなかったり……。

そんなときは、もちろん悔しいだろうし、くよくよするだろう。しかし、間違っても「やり返してやろう」などと思っていないことを祈る。

なぜなら、悔しい過去にこだわり、アホと戦うことは、あなたの気力を消費するだけだから。そこには何の生産性もない。

残念ながら、日本のような嫉妬社会ではアホが出世しやすい。能力がある人格者は、出世する途中で多数のアホに足を引っ張られてつぶされる可能性が高い。

つまり、権力を持っている連中の中に、アホが多いということであり、だからこそアホは厄介な敵なのだ。

アホと戦い、言い負かすことによって、溜飲は下がるだろう。しかし、アホな敵を増やしたことの代償が、あなたの気分を晴らしたことだけなんて、全く釣り合わない。一度しかない人生の貴重な時をそんなことで無駄使いしてほしくない。

戦うべき相手はアホではない。

真に戦うべき相手は、人間関係で「くよくよ悩む自分」「腹を立てる自分」だと思ってほしい。そして、そのように考え方を転換し、神経をすり減らさないように生きるための第一のポイントは、自分にもっと関心を持ち、自分の目標実現を目指すことだ。戦うべきなのは、「アホと戦う」なんてアホなことを考えてしまう自分のみと心得てほしい。

私は参議院議員として、多くの政治家と議論し、時には反目《はんもく》しながら、多くの法案をつくりあげてきた。その過程で権力にすり寄る行為を目《ま》の当たりにしたときは、思わず嫌悪を感じて、「成敗してやろう」と周りをヒヤヒヤさせたこともある。しかし、そうやって時間とエネルギーを無駄にしてきた私こそが、アホだったのである。逆に言えば、最高のアホである私だからこそ、本書のメッセージが伝えられるのだ。

アホと戦わない生き方こそ、あなたがあなたらしくあることができ、あなたが目指す目標により近づけることになる。あなたの大切な人生をより輝くものにするためにも、彼らと戦ってはならない。そんな人間は放っておけばいいのだ。無駄に戦えば、あなたのほうが人生を大事にしない最低のアホになってしまう。

そういう意味で、この本は「非戦の書」である。私が世界最高の非戦の書だと思う『孫子《そんし》の兵法』が、2500年の時を超え、現代実社会版になったのがこの本だと自負している。

その孫子の兵法で一番有名な一節として、「百戦百勝は善の善なるものに非ず。戦わずして人の兵を屈するは善の善なるものなり（百戦百勝といっても最高の優れた戦い方ではない。敵兵と戦わないで屈服させることこそ最高の戦い方である）」というフレーズがある。私は、この孫子の一節をさらに進化させ**「敵と戦わず屈服させるだけでなく、その力を自分の目的を達成させることに利用する」**ことをこの本で説いている。

さあ、これから無駄ないさかいなんて放り出し、アホとは戦わずに、自分の人生を謳歌する旅に一緒に出かけよう！

プロローグポイント

アホとは、理不尽にあなたの足を引っ張る人のこと

アホは、力を持っている場合が多いため、注意が必要

戦うべきは、アホに悩んでしまう自分！

目次

Chapter
2
アホにはやられたフリを!

Chapter 3

アホと上手に付き合いなさい！

Chapter 4

アホを味方につけてこそ！

Chapter
5
アホに左右されずに自分の人生を取り戻せ！

Chapter 1

成功者はなぜ戦わないのか？

ふう
『アホとは
戦うな』…か
そんなの無理です!
できれば私だってアホと戦いたくないですよ!でも向こうがそれを許してくれないじゃないですか?
和楽
そうなんだよ まさに アホの典型だね
今 ひとみちゃんが思い浮かべてる人って
こんなかんじじゃない?

足引っ張りアホ
正当な理由もなく足を引っ張る
当たり屋アホ
わざと絡んで
自分の価値を上げようとする
ネチネチアホ
しつこく嫌がらせしてくる
こういう人たちは
不条理なんだよね
そうなんですよ！
こんなのって
絶対
おかしいですよね？
いや
おかしくはないね
え!?

だって
この世界は
そもそも
不条理だから！
ド
ええ!?
そんな……
元も子もない
そう！
元も子もないの
でもね
これが現実なんだよ
いや！
昔の日本は
こんなに薄情じゃ
なかったはずですよ！
昔々
庄屋様ぁ
その米だけは
勘弁してくだせぇ！
死んじまいますだぁ！

うるせぇっ！知ったことか！まだあるはずだ お前ら 家中をくまなく探せぇ！
へいっ
もうねえですだぁ！勘弁してくだせぇ！
おっ父ぉぉ！
そこまでだ！
誰だ てめえは？
庶民の味方 梶太郎！
梶太郎様！ありがとう ごぜえやす！
これですよ！私が求めてる世界は！

そんなのな〜い！
ぽい
ああ〜！
どうしてっ！
くだらない妄想はやめるんだいいかい！
今も昔も勧善懲悪《かんぜんちょうあく》なんて幻想だ！
な なぜですか？
今みたいな時代劇よくあるじゃないですか！
現実にはないからお話が作られるわけ
え……

現実は不条理だから
せめてお話の中だけはスカッとしたいから
悪い奴が成敗されるお話になるわけ!
現実は〝悪い奴ほど出世する〟!
この言葉が昔からあること自体がその証拠だよ
あああそんなあぁ……
それでもこの世界は自分の心がけ一つで幸せにもなれるし成功することもできる
それに若いうちにアホと戦って悔しい思いをすること自体は経験値になる
どういうことですか…?

ひとみちゃん 成功者は 何を求めてると思う?
何を……?
成功者が 求めてるのは
「善悪」じゃない
「真理」を追求してるんだ!

真理
真理!?
例えば
社長を目指す人は
社長になることを
追求するよね?
しますね
でも毎日
その邪魔を
する人がいる
まさに
今ですよ!
そこで
その行為を
やめさせるには
どうすればいいか
悩み始める
そう
なんですよ!
でもさ
これって
何を追求してるの?

そりゃ行為をやめてもらうことですよ！
いやいや
そんなの社長になることと関係ないよね？
あ……
そう！成功者は成功することのみに集中するの！
なぜならそれ以外のことに時間やパワーを使うのは
心底無駄だと思ってるから
なるほど…

……でも！アホからの邪魔ってすごいストレスじゃないですか！
成功している人はどうしてこのストレスに耐えられるんですか？
もちろん自分なりのストレス解消法があるのも一つ
ちなみに僕はコレ
ただ彼らはそれ以上に大事なことを知ってる
もっと大事なこと……？
人生が一度しかないこと！
そしてその人生は想像以上に短いこと
!!

大きな夢を実現するには人生はあまりにも短い
成功者はそれを知ってる
人生
働ける期間はだいたい40年
だからできるだけ無駄を省くように行動する
無駄…
…ひとみちゃんは夢ある?
え…夢……?
何か実現したい夢があって今の会社に入ったんじゃないのかい?
私の夢……

私が
やりたいことって
いろんな年代の人が笑顔で食べてくれて
やりがいを持って働けるお店を作ること――
だからこの飲食業界を選んだんだ…
もし夢があるなら
それを達成することだけに集中するべきじゃないかな

梶さん
私…
夢を
実現したいです！
だったら
貴重な時間を
アホなんかに
費やしちゃ
ダメだ！
アホとの戦いは
徹底的に
避けるんだ！
はい！
そして
わき目も振らず
夢だけを追求しなさい！

戦うべきなのは
アホそのものじゃなく
アホと戦うなんて
アホなことを考えてる
自分だからね！
…行こう！
こうして
私の
〝アホと戦わない〟
生き方が
始まったのです

なぜ「嫌なヤツ」ほど、うまくいくのか？

ひとみの価値観は日本的だ。あるいは時代劇的だといえるかもしれない。誰にでも平等で、正しく振る舞っていれば、いつかは報われると信じている。

しかし、実際はその逆。この世の中は不条理だ。悪くて要領のいいヤツほど、世にのさばる。日本人は簡単に受け入れることができないが、これは真実だ。

私がかつていた政治の世界でも同じ。政界というのは不条理の塊みたいなところがある。

政治家としての優秀さというのは数字では公平公正にはかれず、人事や発言権というのは、よくわからない基準で決まっていた。はたから見ても閣僚人事やテレビに出てくる政治家の発言を聞いても、「なんでこの人が……」と思うことが多いと思う。

実際に政党や政府の中に入ってみると、各種の手練手管《てれんてくだ》を駆使して地位や権力を獲得する先輩や同僚の姿を目の当たりにすることが少なくなかった。

そして、それは政治の世界でなくても同じ。あなたの足を正当な理由もなく引っ張るアホ、わざと絡んで自分の価値を上げようとするアホ、しつこく嫌がらせをしてくるアホなど、あなたのポジションを下げようとしてくるアホは〝悪い〟奴にほかならない。

そういう悪い奴は、いつかお天道様《てんとう》が懲らしめてくれると呑気に思っているかもしれない。あるいは、2013年に大流行した「半沢直樹」のように、自分がいつか〝倍返し〟してやろうと虎視眈々《こしたんたん》とそのチャンスを狙っているかもしれない。

しかし、そのために使う時間や心理的負担、労力はすべてムダくらいに思っておいた方がいい。**現実社会では、残念ながら、勧善懲悪《かんぜんちょうあく》などなかなか起こらない**からだ。

また、自分がされたイヤなことへの復讐は無駄な労力である。いい悪いではなく、それが人生、現実世界だと心に留めておいてほしい。

自分自身がやりたいことを追求するには、勧善懲悪の価値観から自由になるべきだ。

「苦手な人をやっつける！」という考え方はいらない

ひとみは、梶の言葉を聞いて、善悪に囚らわれる価値観から自由になった。そして、アホとは戦わずに、成功することを第一の目標とすることを決心した。

成功者は何を大事にしているのだろうか。それは「真理」である。

少なくとも、私が知る限り、成功する人は善悪ではなく真理を追求しているようだ。いい人生を送りたかったら、善悪の判断はできたほうがいいが、善悪、もっといえば勧善懲悪にこだわってはいけない。

追求すべきは「真理」である。

世の中には、いくつもの真理があるが、ここでいう真理とはとてもシンプルである。

人生とは、たった一度しかない。

そして、「今」という貴重な時間は、どんなに願ってももう戻ってこないということだ。

時間は不遡及《ふそきゅう》であり、「あのときに戻りたい」と思っても、絶対に実現しない。そんな時間を自分にとってのアホのために使うのはナンセンスなのではないだろうか。

悔しい過去や現在にこだわり、未来を犠牲にするよりも、成功するための真理に集中する。もう終わったことにして、**しっかりと前を向き、自分の人生を自分が成功するために使うべきである。**

つまり、アホとは戦ってはならない。それが、真理だ。

それでも、悪は見逃せないと言い張る人もいるかもしれない。

確かに、例えばパワハラやセクハラは、時にはあなたの人生に重大な影響を及ぼす場合がある。そうした人物は、もはや「アホ」などという生やさしい存在ではない。あなたが「戦うべき相手」だ。

ここで取り上げているアホというのは、ハラスメントのように大きな問題にはしにくいが、でも不愉快で理不尽な言動を繰り出してくる存在のことである。

まず、人生は不条理だと思ったほうがいい。そもそも〝条理〟は人間が考えた勝手な幻想ともいえる。あなたの思う通りに世の中はできていないのだ。神や仏はいるかどうかわからないが、そういう絶対的な存在が常に条理にかなった鉄槌《てっつい》を下してくれるわけではなさそうだ。

アホと戦いがちな人物の特徴として「正義感が強い」「自信にあふれる」「責任感が強い」「プライドが高い」「おせっかい」がある。

いずれかの気質を持つ人は、悪を見逃せなかったり、自分にとって目障《めざわ》りな相手を排除したいと思ったり、自分を低く見る相手を見返してやりたいと思ったりしやすく、なにかあるとすぐに臨戦態勢になってしまう。

そんな気質は捨てて、自分のことだけ考えよう。

アホには見向きもせず、自分の人生の目標を見定めよう。

その目標は、今いる会社で社長になることかもしれない。また、ひとみのように、「いろんな年代の人が笑顔で食べてくれて」「（従業員が）やりがいを持って働けるお店をつくること」といったように、自分の理想の場所をつくることなのかもしれない。

最終的な目標の形は、さまざまあれど、それを実現したいと願うことが大事だ。そうすれば、貴重な時間をアホに費やすことのばかばかしさに気が付くはずだ。

成功する人の共通の特性は、常に「自分を見失わない」ところだ。逆に言えば、失敗をする人の共通点とは「自分を見失う」ことにある。

この事実を忘れず、人生は一度だけであるという真理を胸にして、目標に向かって自分が持っているすべてのエネルギーを投資していくようにしよう。

それが現実なんです……

Chapter1 ポイント

世の中は不条理。
理不尽は次から次へとやってくるもの

アホと戦うのは、「今この瞬間」の無駄づかい。
時間は自分のために使おう

ただし、人生に重大な悪影響をもたらす人とは
しっかりと戦うべき

アホと戦いがちな人は、正義感や責任感が強く、
自信やプライドを持っている人

成功者は、自分を見失わない

Chapter 2

アホにはやられたフリを！

さて
アホと戦わずどうやって逃げるか……
WD
企画営業部
おはようございまーす
ガラン
…あれ？
誰もいない…
あ
仁野さん！
何やってるんです
みなさんが第1会議室でお待ちですよ
急いでください！
…え？
みんなが待ってる……？
今日会議入ってないんだけど……

遅い!
何してたんだ!
いえ…っ
あの朝イチで
会議があるって
知らなかった
もので……
言い訳より先に
言うこと
あるだろうが
あ……
すみません
でした…
……もう
どうなってる
の…?
新業態店舗の企画について

新…舗の企画につ
『新業態店舗の企画について』…？
例の社長プレゼン！超大事な会議じゃん
どうして誰も知らせてくれなかったの…
！
ニヤ
アイツの仕業か！
足引っ張りアホ…！

とっとと座らんか
仁野！
は…っ
はいっ
まったく…
社長プレゼンなんて
初めてのことだぞ
やる気のないやつが
一人でもいるのは
困るんだ！
いいか！
今回は業績UPを
目的とした
新業態の開発だ！
社運がかかっている
ということを
よく理解した上で
企画を練ること！
そうだ…
今はとにかく
大事な時なんだ
だからこそ
このアホからは
何としても
逃げないと…!!

仁野
……はい？
今回の新店舗変更の対象エリアって仁野が昔クルーで入ってたエリアだよな？
ええ…まあ それなりの期間 いましたけど…
じゃあ 慣れてるだろ 立地調査任せるわ
……そうですか…
急ぎなんだ 悪いな
何を企《たくら》んでんのよ……？

ドーン
あ…っ
あづ…
ダラ
ダラ
カチ
何これ…
カチ
0224
なんで…
カチ
なんで私が
数える必要
あんのよ!!!
中島さん!

交通量調査
私が直接やる
必要あります？
だち
だち
こんなの
ムチャクチャです！
なにが
ムチャクチャ
なんだよ
調査は
大事な仕事
じゃないか！
論点を
ずらさないで
ください！
ぐっ
調査は
必要ですよ
でも調査自体は
専門業者に
頼むべきです！
…忙しくて
頼むの忘れてた
んだよ！
だったら！

『それは中島さんのうっかりミスですよね社会人としてどうなんですかそれ？』
和楽
食 酒
…って言ってやったんですよ！
へぇ
そしたらアイツどうしたと思います？
さあどうしたの？
無表情になって逃げてったんですよ！
あらぁ……
いや〜スカッとしたなぁ
こっちが逃げなくてもあっちから逃げてっちゃった！

後々何も起こらないといいけど……
平気平気！
だって向こうが悪いんだもん
今頃ね家で反省してますって
まアホにはいい薬ですよ♪
かっかっかっ
おはようございます
………

ぷいっ
……
無視したよ！
うわ
マジで？
信じられないんですけど……
でもま
これで
やるべきことに
集中できるわ…！

こんばんは～
お～！
ひとみちゃ～ん！
その後どう
調子は？
梶さん！
おかげさまで
アホからの被害は
減りました！
やっと落ち着いて
社長プレゼンの
企画が練られそうです！
でしょ！
僕のアドバイスは
効果てきめん！
名古屋は
きしめん！
こないだの先輩
大丈夫だった？
あ～あれから
無視されてるけど
平気です！
ほんっとガキ
アイツ

……その話 詳しく 聞かせてよ？
和楽
…うーん それはちょっと マズイかもなぁ
てゆーか 僕のアドバイス 活きてないじゃん
え
それって どういう…？
〝戦わない〟というのは 〝逃げる〟ことじゃないし
そもそも アホに 真正面から ぶつかっちゃ 駄目だって
アホがもっと 増長する だけだよ

ええ!? そうなんですか!?
ほら いわんこっちゃない
すでに 無視という形で 反撃されてるしねぇ
じゅー
あれが 反撃??
間違いない いや さらに 攻撃が 増えるかも
でも そんな面倒なこと しますかねぇ普通?
えー~~
アホは 自分に刃向かってきた ヤツを忘れないんだ
執念深く覚えてて 必ずやり返してくる!
そんなこと 言われても… あんなことされて どうすれば よかったの…?
いい? アホと ぶつかりそうに なったらね……

やられたフリが一番！
AHO
やられた〜〜〜
やられたフリ!?
そう わざと やられてあげるの
頭を下げちゃえば それで終わりだよ！
ええ〜!?
それじゃ あの中島に 頭を？
うん
あんなに 意地悪 されて きたのに？

とにかく
アホとぶつかる
ことだけは
避けなきゃ！
でも
うーん
あんなやつに
頭を下げる
のは……
何？
メンツ？
はい…
…だって…
シャクだし…
あのね
取るべき
ものは
メンツより
実利だよ！
実利……
わかってます
わかってるんですけど
感情的に
難しいんです
よねぇ……
うまく
感情をコントロール
できる方法があれば
いいんですけどねぇ……
それなら
一つある
ガタ
ほんとですか？

これ
腹筋!?
いや 幽〜体離脱〜！
うわ 古っっ！
カッとなったら自分の意識を上に持ってくの すると客観的に状況が見えるでしょ？
で 我に返って冷静に考えられるって訳さ
なるほど… だから幽体離脱…
メンツより実利を取ってやられたフリ…か
そんなのでうまくいくものなのかな…

生意気な態度は恨まれるだけ

ひとみは、中島が交通量調査の手配を忘れたことに対して激怒し、「社会人として、どうなんですか」と啖呵《たんか》を切ってしまう。彼女が憤怒した理由はもっともなのだが、先輩であるアホに対しては、悪手だったと言わざるを得ない。

私が知る限り、アホな人物というのは、自分に刃向かってきた人間を、その理由がどうあれ、受け止めて評価するようなことはまずない。

生意気な後輩を見て、「あいつは元気があっていい！」と言う人もいるかもしれないが、ほとんどの場合、それは本心ではない。自分の度量の広さを見せようと、虚勢を張っているのだ。

生意気な人間が好きな人は、限りなく少なく、たいていの人は従順な人間が好きな

のだ。

刃向かうというのは、人間関係を破壊する一撃となる。自分に刃向かってきた人間のことはほとんどの人が忘れない。もちろんいい意味であるはずがなく、「アイツはオレに逆らってきた」と復讐のチャンスを虎視眈々と狙われることになる。

日本人はねちっこい……と嘆くかもしれないが、これは実は日本だけに限らない。アグレッシブな人間が多いと思われている欧米では、過剰に戦闘的な人間の評価は芳《かんば》しくないのだ。

自己主張が激しすぎる人やすぐに感情的になる人は、ビジネスパーソンとして未熟という烙印を押されるのだ。

喧嘩して友情が深まるのはドラマや漫画の世界だけだ。「金持ち喧嘩せず」という言葉もあるが、成功者は時間をかけ知恵を使って、戦わずして勝つやり方を選ぶ。

相手がやられたと気付かないように、相手の力をうまく使いながら自分の欲しいものを手に入れていく。正面切って戦って、返り血を浴びたり、恨みを買ったりしないように、静かに確実に目的に近づけばいいのだ。

嫌な相手にこそやられたフリ

アホとは戦うだけ損である。それはわかっているけれど、実際にアホの方から喧嘩をふっかけてきたらどうすればいいのだろうか。

最善策は、**「やられたフリ」**だ。

相手の言動が頭に来たら、反撃をせずに、相手の言うことを受け止める。そうやって、**いい気分になってもらい、相手に花を持たせる**のだ。

アホはアホであるゆえに皆に好かれていない。そして、その事実に薄々気づいている。そんな現実にめげないくらい彼らの面の皮は厚いが、人間誰しも人に好かれたい、人に認められたいという欲望はある。そんな彼らの願望を満たしてあげればいい。

その方法が、相手の攻撃にやられているフリというわけだ。反撃をするガッツなど微塵も見せず、敵わなくて悔しいが〝やられた〟〝勝てません〟という姿を見せるのだ。

無駄に戦って敵をさらに難敵にしてしまって将来を危うくするより、敵をこちらの味方にして自分のために利用したほうが生産的である。

そして、相手を最高の味方とし、自分の目標への足がかりとする。そのほうが、溜飲が下がるだけでなく、未来も明るくなる。本当に自分のやりたいことにフォーカスすれば、アホにでも頭は下げられるはずだ。

とはいえ、やっぱり人間だから、誰にでもプライドがある。この漫画でひとみが中島にされたように、上から目線の説教をくらえば、メンツを潰された気持ちになるだろう。

そんなときには、一呼吸置こう。

メンツを潰されたとしても、自分が思うほど周りは気にしていない。しかも、個人のメンツのことなど周りもそんなに覚えていない。相手に信用や実績まで潰されてしまうなど実利に直結する場合は問題だが、そうでない場合はさほど気にすることはない。

そして、こう自分に問いかけるのだ。

メンツを潰されたことで感情的になり、怒って戦うメリットなどあるだろうか？

戦って相手をさらに不快にさせ、メンツ以上のものを潰される可能性はないのか？

ここは受け流して、〝味方にする〟とまではいかなくとも、相手をうまく利用できる可能性はないのか？

こういう計算をすればたいていの場合、メンツくらいで苛立つことが無駄に思えてくるだろう。

あのね
取るべきものはメンツより実利だよ！
実利……

あなたにとっての「実利」はなんだろう？

カッときたら幽体離脱で戦闘回避

そうは言っても、アホの言動にカッとしてしまったら、どうすればいいのだろうか。私の先輩から聞いた素晴らしいアドバイスを披露しよう。

その先輩はとても穏やかで、気が優しい。しかし、今の姿からは想像できないが、その方曰く「もともと短気」だったという。正義感とエネルギーにもあふれ、特に力のある人間によく食ってかかっていたそうだが、ある日を境に、アホと戦うのをやめ、アホの言動が頭にきてもやり過ごすことができるようになったそう。

その人が使い始めたテクニックが、幽体離脱。

カッとしたときには、自分の魂が自分の肉体を離れ、自分を上から見る様子をイメージするようにしているという。相手がいて、自分がいて、衝突しようとしている構図のなかで、すっと霊魂のように自分から抜け出して、それこそ3Dで上から時間を止めてみるのだという。

そこで初めて「我に返れるのだ」という。「こりゃまずい。相手に嫌われる」「もう戦いは始まりそう」ということを瞬時に理解して、その姿を上から見て冷静になれるのだ。

怒りが込みあげてきたときに、自分を上から3D映像で客観的に観察するという手法は、常に練習していると自然とできるようになっていく。

この技は身につけておいたほうが何かと便利だ。この方法は「無駄な戦闘防止」に用途が限られるわけではない。ここ一発の勝負のときすべてに使えるのだ。

例えば、大事なプレゼンや講演をしているときには、〝自分の前に座っている聴き手〟の視点を持てるようになり、聴衆の立場で話ができるようになる。そうなると、緊張してしまうこともなく、どこがポイントか理解しながら、そこに情熱を込めたり、スピードをコントロールしたりしながら、いい話ができるようになる。

大事な交渉のときも、幽体離脱を使うと、冷静に相手の立場に立って自分を見ながら自分をコントロールできる。幽体離脱は、まさに万能なテクニックなのだ。

と、ここまでアホとの衝突回避の方法をいろいろと述べてきたが、これまでアホと戦ったことのない人は、一度はやり合ってみるといい。

アホをかわすのは大事で、戦うべきは戦う意義ある相手である。だが、**かわすことばかり覚えていては、いざというときに戦い方がわからなくなる。**

加えて、人間、痛い目に遭ってみないと肝に銘じないものである。アホと戦うことが、いかに意味がなく無駄であり、できるだけ避けるべきであるという実感も、大人になって最初からアホと戦うのを避けていてはつかめない。

そこで、たとえ傷を負ったとしても傷が浅いうちに、アホと戦ってみて、痛い目を見ることは悪くはないと思う。

まだ「若気の至り」が許されるうちに、いつかは来る勝負のときに備える意味でも、アホと戦う虚しさを実感する意味でも、**一度はアホと戦ってみよう。**

その意味で、ひとみが中島に対して喧嘩をふっかけたのは、長い目で見れば正解であったといえるかもしれない。

Chapter2 ポイント

刃向かってくる人は、大抵嫌われる

悔しくても、グッとこらえて「やられたフリ」

アホは、周りから嫌われていることが多いので、逆に味方にしやすい

「幽体離脱」作戦は、プレゼンから怒り対策まで、あらゆるシーンで有効

本気の勝負に備えて、失敗は大切。「アホ」と戦ってみるのもアリ

Chapter 3

アホと上手に付き合いなさい！

Pizzaiolo
企画のための
調査もあるけど
なにより外に出ると
アホから解放されて
気分がいいわ
in

まちの珈琲店
街道沿いのカフェ…
平日の昼間なのにこんなに混んでる……
ここ居心地いいわよねぇ
これカワイイ!

これまでのうちの会社のイメージにない業態…
女性をターゲットにカフェとか…
いいかも……
私が検討しているのは〝郊外型カフェ〟です！

カフェ？
はい
他店とちゃんと
差別化できれば
勝算はある
と思います
そんなことより
既存店は
どう活用する
つもりだ？
え…
活用？
使えるものが
あれば
経費削れるだろ
でも…せっかくの
新規店舗ですし
私はイメージを
一新して……
ガタ
イメージ
なんかより
大事なことが
あるだろう！

最低でも年商1億5千万！
これはマストだからな！
内容より…数字……
わかったな一から練り直してこい！
………
次中島のほうはどうだ？
はい
私は既存店のターゲットを踏襲したファミリー向けの新しいブランドはどうかと考えてます
くだらない！そんなのただの焼き直し……！
いいじゃないか中島！
はあ!?

…納得できない！
どうなってるの？
その調子でな
困ったらまた何でも相談してくれよ
はい！
しかしおまえが教えてくれたとおり仁野のプランはまるで話にならんな
え……？
ニィ
ッ
………!!!
やられた…！

部長に
あることないこと
事前に吹き込んで
私の企画の
邪魔をする気
だったんだ！
アホはもっと
増長するだけ――
ひどい……！
このままじゃ
私の案が……
そんな……
そこまでする……
!!?

キーンッ
アホンダラ〜!!
アイツら うちの会社の ことなんて
ぜんっぜん 考えて ないじゃんか!
キーンッ
ゴッ
あんな奴らは……

ブン
ブン
ブン
ブン
敵だ敵だ
敵だ～！
数字のことしか
考えてないし……
はあ
はあ
自分たちの
保身ばっかり！
ガゴン
もう1回
やりたい～！
ええ
また～？
いつまで
いる気だよ～？

私も
いつまでいるの……？
……こんな会社に…
ヴー
ヴー
！
…あ…
「和楽」のマスターからだ…
和楽
件名：イベントの紹介
ひとみ 様
いつもご来店ありがとう！
今日はオススメのイベントの紹介だよ！
…イベント？

わい
わい
わい
組織で
活躍したいあなたが
築くべき
よりよい人間関係とは
講師　梶徹也先
梶さんから
講演会の招待状を
ひとみちゃんにって
プラチナチケット
らしいよ～
梶さんって
本当に
有名だったんだ……

こんばんは
梶　徹也です！
うわ！
イメージ全然違う！
いきなりですが
皆さんの周りに
嫌な奴がいる人
手をあげて！
もしですね
皆さんが
その人たちを
敵だと思ってたら……！

その考えは今日で捨てちゃいましょう！
ザワ
ザワ
え どういうこと……？
皆さんの周りには 嫌な奴 ライバル 味方… いろんな人がいます
でも「敵」はいりません！

敵なんか作ったら どうなります？
戦争ですよ！
なぜなら 敵は 排除すべき存在だから
戦争って したいですか？
したくない……
でしょ？ だから排除はダメ！
じゃあ 戦争にならない ためには どうすればいいか？
方法は2つ

その1
嫌な奴を
味方にする
アイツらを
味方に……??
無理だって
思ったでしょ？
でもね
嫌な奴が
実は優しかった
なんて話は
よくあるの！
だから
なんとか
良い所を探して
仲良くなって
味方にする！
そんなの
できるかなぁ……？
それが
できない時は……

その2
したたかに
相手を立てる
相手を
立てる……
嫌な奴はね
大体褒められると
人一倍嬉しいの
なぜなら
嫌な奴ほど
他人に
認めてもらい
たがってるから
だから
褒めて褒めて
手柄を譲って
相手に
どんどん
花を
持たせてあげる

すると嫌な奴は気分が良くなるから
こっちの願いを聞き入れやすくなるんです！
ええぞ ええぞ
へぇ……そういうこと…
質問いいですか？
はい どうぞ
嫌な人たちと仲良くしようにも
一度気まずい関係になるとそれから疎遠になってしまうんですが
ありますね そういうこと
でもね……

そういう時こそ
無理してでも
会って話す！
これが大事！
無理してでも……？
それはキツいでしょ
あもちろん
あなたの目的に
必要な人だけで
いいですよ
嫌いな奴と
無理して
会うなんて！
って思った
あなた
えっ
それでも……
接触回数は
増やすべき
なんです！

なぜなら
その証拠にこういう研究結果もあるくらいですから！
親密度
接触頻度
会う回数が減るだけで親密度が下がるんだ……
いいですか今日はこれを覚えて帰ってください！

たとえ嫌な奴でも何とか工夫して接触し続ける！
これが嫌な奴と共存して成功する秘訣です！
嫌な奴に負けて腐っちゃったら夢はかないませんよ！
ニッ
そうだよねありがとう梶さん…
難しそうだけどやるしかないよね！

仕事で敵をつくるのは、スッキリしても損！

仕事を潰しにきたり、自分のことを評価してくれない人間を〝敵〟と認定してしまう……。ひとみの気持ちに共感する読者も多かっただろう。

しかし、これはアホと真正面から戦うことであり、つまりは「敵」を増やすということ。人間関係におけるパフォーマンスを低下させるマインドである。仕事においては、まず「敵」という発想すらいらないのだ。

〝敵〟と聞くと、排除する相手と連想してしまう。そういう考え方自体そもそも心が狭い人間が考えることで、敵対する相手をつくっていいことは一つもない。

もちろん、親分肌で自分のグループをつくりたい縄張り争いが好きな人が、自分のグループの結束感を強めるために敵を必要とし、わざわざつくる場合がある。しかし、**変化の激しい時代には、固定的な付き合いを深くするより、誰とでも柔軟に付き合っておくのがベター**だ。

私にも今、敵なんていない。もちろん、全員が味方というわけではない。ライバルもいる。しかし、ライバルは切磋琢磨《せっさたくま》する相手であり、敵ではない。ライバルも状況が変われば味方にできる。

固定的で閉鎖的な付き合いより、広く誰とでも付き合うことで、風見鶏とか八方美人とか言われるかもしれないが、勝手に言わせておけばいい。そのほうがより正しいネットワーキングの仕方だと思うので名誉に思おう。

もし、敵であるとか、苦手などと思っている相手がいるとしたら、その理由のほとんどは、人生経験の不足が招いた勝手なイメージからくる「食わず嫌い」のようなものだ。それは〝今〟のあなたの一方的な見解である。

人生経験を積んでいけば、人というものの価値観の多様性を理解できるようになるし、人に対する深い理解も増してくる。もちろん、私の言っていることが理解できないという人もいるかもしれない。しかし、人間関係とはそのようなものであると受け止めて、**〝敵〟をつくるのではなく、たまたますれ違ってしまった相手と考える**ようにするといいだろう。

敵と思ってしまうほど苦手意識を感じる相手でも、飛び込んで付き合ってみれば、意外とそれほど嫌いにはなれない相手だったりする。無理して好きにならなくてもいいが、わざわざ嫌いになって敵と思う必要もないのだ。

仕事において、敵をつくることは大きな損失だ。時間や気力など、普段の生活を快適に生きるためのリソースをムダに消費してしまう原因となる。

とはいっても、本書をお読みの方のなかには、すでに〝敵〟認定してしまった相手がいるという人もいるだろう。

そのような場合には、どうすればいいのか。次の2つの方法があるように思う。

・嫌な奴を味方にする
・したたかに相手を立てる

言うは易く行うは難しと思えるかもしれない。それでは、それらを実践するにはどうすればいいか具体的に解説していこう。

気まずいときこそ、どうにかして話しかけよう

嫌な相手を味方にするにはどうすればいいか。相手を苦手だと思う時点で、人間関係に多少のヒビはあるだろうから、もちろん、ただ指をくわえて待っているだけでは事態は好転しない。そこであなたが取るべき行動は、自分から話しかけることだ。

そうは言われても、何を話しかければいいのかわからないという人も多いだろう。そのような場合の究極の手段が、その相手に「その人から受けている嫌な行為への対処方法」について相談することだ。

つまり**相手がやっている行為を、ほかの人がやっている嫌がらせだとして、相手にその嫌がらせへの対処方法を聞きに行く**のだ。

これはかなりの高等戦術である。自分をいやらしく無視したり、無理難題を押し付

けたり、仲間外れにしたりする人がいたら、そのアホに「私を無視したり、仲間外れにしたり、無理難題を押し付ける人がいるんです」と相談に行ってみるといい。

これはかなり効く。ドキッとしながらあなたの相談に親身になって応えようとして、その後も、あなたに出した答えの期待に添うように、行動を修正してくれる可能性が高い。あくまで、「これお前のことだよ」と暗にほのめかすことなく、真摯《しんし》に思いつめた感じで相談に行くのがいい。陰湿なアホでも、さすがに「それは俺のことか⁉」と思うに違いない。

苦手な相手の嫌な行為をやめさせて味方にしたいが、通常の方法では切り抜けられないようなとき、この方法はおすすめだ。

ポイントは、**険悪になりそうなときほど何らかの形でコミュニケーションを取るべき**だということであり、その実践がしやすい。

最悪なのは、苦手意識を持つあまりに、必要なときにもかかわらず、一切コミュニケーションを取ろうとしないことだ。

コミュニケーションを怠ることで〝過剰な深読み合戦〟のループに入ってしまう。

そうなれば、相手の悪意のない何気ない行動さえも〝悪意ある行為〟と深読みしてしまいがちだ。そうなると悪化した関係は悪い方向にエスカレートしてしまい、最後は衝突してしまいかねない。

嫌いな人と険悪になりつつあるときこそ、無理して親しく話す必要はないが、頻繁にコミュニケーションを取り、それ以上関係を悪化させないことだ。最悪でも、面と向かって顔を合わせておこう。**無理に言葉を発しなくても、敵対しているわけではないという表情やしぐさは見せておいたほうがいい。**

顔も見たくないという気持ちもわかるが、顔も見なければ悪いほうへの深読みは深刻になるばかりだ。

味方にすることが難しくても、相手を立てることを忘れないようにしたい。アホほど、誰かに認められたがっている。その心理を逆手にとって、相手を持ち上げてやって懐《ふところ》に飛び込んでいこう。

嫌な奴には、なんでもいいから相談し、その返答を大げさにありがたがってみる。後日、「〇〇さんのおかげでうまくいきました！」とフォローすることで、相手からのあなたへの印象は大きく変わるだろう。そうして、あなたのことを気に入って、何か本当に困ったことがあったときに、味方になってくれるはずだ。

うまく立ち回る人は、実はとても努力をしている。気に入られる準備をしているのだ。

意見がバッティングしたときには譲れることなら相手に譲ってやる。相手が権力者なら、接待であるかのように花を持たせる。

また、〝上手に困る〟ことも大事だ。楽にできそうなことでも、不安な顔を見せて、うまく相手を頼ってやる。それがうまくいけば、相手は得意な気持ちになるだろうし、それが花を持たせたことにもなる。

しかし、困りの度合いも大切だ。「あいつ一人の力じゃあヤバいな。俺たちが手を貸してやれば難局を乗り越えられるかもしれない」と皆が思うであろう度合いがベストだろう。

相手はあなたが適度に困った顔をするのが見たいのだ。そして、それを助けたいもので、いつでも**「困っています」と苦手な相手にでも言えるのは、重要な技術**なのだ。

Chapter3 ポイント

変化の激しい時代では、
無理ない程度に、あらゆる人と仲良くしておこう

嫌なヤツは、「敵」ではなく
「たまたますれ違った人」と考える

ギクシャクしてるときこそ、
コミュニケーションのチャンス！

話しかけたくもないときは、
とりあえずニコニコしておこう

「困っています」と上手に頼ろう

いいかも……

Chapter 4

アホを味方につけてこそ!

部長！
どちらがいいか
ご意見いただけますか？
部長のおかげで
うまくいきました！
…………
仁野
お前の今回の
企画案だが……
鋭いご指摘！
勉強になります！
はい

さすがかつて優秀なクルーだっただけはあるな！
郊外型カフェってのは現場経験豊富なお前らしくていいぞ！
はい
みんなも現場のことは仁野にもっと聞いたらいい
……
ほーっ
嫌な奴を味方にする！
したたかに相手を立てる！
スゴイ梶さんの言った通りだ……
こんなんでいいなら全然イケるでしょ！

おい！頼んでおいた資料がないぞ！
コイツ忘れてた！
こんなんじゃ数字に説得力出ないだろ
データが足りないんだよ！
すみません！
うわー…
…最近嫌がらせもないと思ったらなるほど企画に詰まってる…？
……あ
…あの取引先回ってこいって…部長から…
私たち二人で…
ちっ

ゴォ
ォォォ
…気まずい！
ォォ
もめて以来
まったく口も
きいてないし…
どうする…
無理してでも話す！
これが大事ですよ！
あの……

気を悪くさせてしまったのなら謝ります
すみませんでした
……
ぐっ……我慢我慢
私は中島さんと喧嘩したいわけじゃなくて
仕事をきちんとしたいだけなんです
その中で現場は私の方が多少経験があるので……
……仁野

お前は どこまでいっても 自分だけだな
え……?
そういうとこだよ お前のダメなところ
………
ぷいっ
ええ!?
なんでまた 私が 上から目線で ディスられなきゃ いけないの……!?

和楽
私はちゃんと謝りましたよ！なのに
許してくれないどころか謎のダメ出しってひどくないですか!?
ひとみちゃんはよく我慢して謝ったよ！ひとみちゃんは間違ってない
ですよね！
よしじゃあそんなアホを改心させる方法が
今なら10000円だ！払う？
でもアホは変わらなかった！
そうなんですよ！もうどうしていいか！

払う！
はい！これなの！
は？
今のが人を動かす3原則
・非難しない
・認める
・相手の欲しがるものを提供する
対人スキルの世界的な権威
デール・カーネギーが提唱
人を動かしたければこの3つをやればいいの！

3原則……へ？
まだ気付かない？実は今ひとみちゃんは僕の狙い通りに動いてくれたの
え？どういう…
ああっほんとだ！
ゴール
ひとみちゃんから1000円を受け取る
1 非難しない
『ひとみちゃんはよく我慢して謝ったよ』
2 認める
『ひとみちゃんは間違ってない』
3 相手の欲しがるものを提供する
1000円でその解決方法を教える
どう？1と2の時非難されたり否定されてたら1000円払った？
…いや払わないです
でしょそんな人の話なんて聞きたくないもんね
そっか……

まずは
相手を非難せずに
認める
これが大事
そして
それをするには
おまち〜
無駄なプライドは
捨て去ること！
そんなの
私だって
捨ててます！
だからあいつに
頭だって
下げたんだし！
いや
それはどうかな
じゃあ
どうして
『現場経験は
私の方が上だ』
なんて
言ったの？
!!!

図星でしょ？
こういう
プライドはさ
ほんとに無駄
でも
気づかないんだよね
持ってることに
そうならない
ためには
等身大の自分を
冷静に見続ける
ことが重要！
冷静
たとえ
褒められても
調子に乗っちゃダメ
直近の目標は
相手に動いてもらう
ことなんだから
そのために
まずは自分の
無駄なプライドを
捨てる
そして
相手のことを
とことん考える！

相手のことを？
相手は何がしたいのか？
相手は何が欲しいのか？
相手は何をして欲しいのか？
自分を捨てて相手の立場で考えるんだ
それができて初めてさっきの３つ目に戻る！
欲しいものを提供
相手が欲しくてたまらないものを
まずこっちから与えまくる！
そう！先にね！
先に与えるから相手は動くんだよ

その時「共通の利害」があればなおいいね！
共通の利害？
両方の希望が叶えられたらどっちも幸せでしょ？
問題を解決したい
1000円を儲けたい
¥1000
確かに！
こういう共通の利害を探すことも大事だね
………
中島と私の共通の利害……

あんなやつと共通の利害なんてあるわけない
そもそもお互い企画で争ってんのよ…！
家族持ち年代別支出額統計
ファミリー客数の多い業態リスト
私の企画は女性向け！
ぽい
ファミリー向けのデータなんて必要ないし…
………

中島さん
これよかったら企画作りの足しにしてください
ファミリー客数の多い業態リスト
調べものしてたらたまたま含まれてたんで
………
……なぜ俺に？
いえ 中島さんたちのファミリー向けだったなって思い出して
それと……中島さんにこないだ言われて気づいたんです

私これまで ほんと自分のことしか 考えてなかったなって でも 今回のプレゼンは うちの部の みんなにとって 大事なチャンス なんですよね
だから 役に立てそうなことが あったら 協力したいんです
気づかせてくれて 本当にありがとう ございました！
プレゼン がんばって 成功させ ましょうね！
………

プライドを捨て、相手のことを徹底的に考えよう

悩むひとみは、梶から、人を動かすための3原則を聞き出す。

・非難しない
・認める
・相手の欲しがるものを提供する

このなかで一番大事なのは、3番目の「相手の欲しがるものを提供する」ことだ。1番、2番は「人を動かす」原則というより、そのためのテクニックだ。いわば「挨拶」に近い、当たり前のスキルであり、言うまでもないことだ。

しかし、ひとみは、それをできなかった。その原因は、ひとみが自分自身に対して持っていた〝プライド〟だった。

プライドというものはほとんどの場合、邪魔にしかならない。人間関係に功を奏するプライドは、自分の仕事の質に対して持つプライドのみとも言ってよい。

プライドが外に向くと、とたんに人との関係性がギクシャクする。

「プライドが高い」と言われるたいていのケースは〝他人によく思われたい〟という思いが強いからにすぎない。何か注意を受けたときに、相手になめられたと感じ、時に怒ったり、機嫌を悪くしたりするのは、このタイプの人間だ。

自分の仕事の評価において、大事な相手になめられるのは、確かにいけない。

しかし、「質の高い仕事をする」というプライドを持ち、手抜きをしたい自分と戦いながら仕事を続けていけば、相手が馬鹿にしてなめてくるようなことはないし、それでもなめてくるような相手とは仕事をしなければいいだけだ。

翻ってひとみだが、彼女は飲食店の店員として長いこと働き、自分が現場を知り尽くしているという自負があった。〝現場経験〟だけでなく、〝現場をたくさん経験してきた私〟が、プライドの源泉だったのだ。

そのプライドが邪魔をして、中島のことを素直に認めることができなかった。そこで、中島との謝罪の最中に、「現場は私の方が多少経験がある」と、上から目線でモノを言ってしまったわけだ。

もちろん、ひとみの言葉は事実である。しかし、**人間を動かしているのは感情であって、理屈ではない。**

これを忘れないでほしい。

頭でっかちは、ロジックで人を説得しようとし、時として高圧的に論理で相手を追いつめてしまう。そこで論破しても、相手は動かない。それどころか、「馬鹿な屁理屈で、人前で恥をかかされた」と憎しみとともに一生忘れないのがオチだろう。

このように、プライドは持っているだけで敵をつくるきっかけになってしまう。そんなプライドは捨てて、巧妙に周りの人を立て、その結果、自分の意のままに動かし、自分の目標を達成することを考えよう。

また、相手の気持ちを動かすためには、相手の気持ちを知らないといけない。知るというのは、単純に相手の表情を見るだけではない。

相手の心情を慮《おもんぱか》り、共感して、心の底から理解するということだ。これまで自分と向き合うことを説いてきたが、ここで少しギアチェンジが必要となるだろう。

私は、他人の気持ちがわからないばかりに、持ち前の能力を十分に活かせなかったり、途中で挫折したり、消えてしまうエリートをたくさん見てきた。エリートの志は高く、成し遂げたいことは大規模だ。しかし、その大いなる目標は、どんなに高い能力を持っていても個人の力だけではどうにもならない。

そこで**大事なのは、ライバルの懐に飛び込み、相手のことを理解して、協力してくれるようにコントロールすること。**

世の中にインパクトを与えたいなら、まずは自分以外に力を持った人の気持ちを理解し、巻き込み、動かすことが必要になる。これができないエリートも多かった。

そうならないためには、普段から人間関係の修練が大事。

どんなときでも、まず相手の気持ちを考えることから始めるのだと心がけよう。

そうすれば、アホと戦う必要はなくなるし、相手の気持ちを読むことができるようになる。

そうなったら、最終的にアホを手玉にとるための最終ステップへと進もう。

相手のニーズを見抜き、心をわしづかみにしよう！

邪魔なだけのプライドを捨て、相手のことをいちばんに考えることができるようになったのならば、人を動かす3原則のなかでもっとも大事な「相手の欲しがるものを提供する」というフェーズに移ることができる。

そもそも「他人を動かす」という発想が、すでに上から目線であり、少しずるい感じがする。

他人は、あなたのコマではない。たとえ会社の〝部下〟であっても、それは利害関係から派生した存在だ。あなたの言うことを聞いておけば利益があると思うからこそ、あなたの指示に従って動いてくれるのだ。他人や上司、先輩ならなおさらそう。

まずは、**あなたの言うことを聞いたときに、どんなメリットがあるのかを先に提示**

しておく必要がある。

「相手の欲しがるものを提供する」とは、そのメリットを先払いするやり方であるともいえる。こまめに相手が求めるものを与えておくことで、相手は感謝するし、そんなことをしてくれるあなたに一目置くはず。その結果が、こちらが相手に何かを求めたときに、率先して協力したくなるような下地となる。

そのために、すでに解説した〝相手のことをいちばんに考える〟というマインドが必要になる。つねに、相手の最大のニーズやウォンツを想像することによって、相手が求めるものを準備できるようになるからだ。

「ギブアンドテイク」という言葉が示すように、まずはこちらが相手を動かすというより、先に相手が欲するものを与えるのだ。

かくして、ひとみは、新業態店舗企画の途中で集まったファミリー層顧客に関するデータを中島に提供した。これがきっかけとなって、両者の関係性は劇的に改善に向かうことになる。

さらに大事なのが、ひとみが、中島との間に〝共通の利害〟を見いだしたことだ。

想像するとわかると思うが、**力を合わせて実現すべき目標があったり、乗り越えるべき課題があったりすると、人同士の結びつきはとたんに強くなる。**

ひとみと中島が所属する部では、社長が直々に指揮する新業態に関する開発業務に従事している。つまりは、失敗することができない仕事である。二人の会社員人生における大きな転機となりうる業務だ。

ひとみは、中島との会話でそのことに言及し、「今回のプレゼンはうちの部にとって大事なチャンスなんですよね」と、協力することこそが、自分たちの会社員人生にとって有利であることを示した。

中島も、ひとみのその考え方に賛同したことが、関係性改善の大きなきっかけとなったのだ。こちらがやりたいことが相手の利益にもなれば、まさに鬼に金棒だ。

アホをコントロールするベースとなるのは、やはりリスペクトだ。

そして、苦手な人間にはさらに丁寧に接するべきだ。絶対に批判したり、嫌いオーラを出したりしてはいけない。そして、尊重の意思を強調する。そうやって、相手の懐に飛び込んで、関係性をやわらかいものにしていく。

そして、相手の欲するものを相手の立場で考えて見つけて提供し、自分の目標を相手との共通の利害にする。これができれば、自分の目標に向かって、アホを巻き込んでいけるようになる。

共通の利害を見つけよ。

そして、相手に利益を与えよ。

決して非難・批判するな。

常に相手へのリスペクトを持ち、

それを相手に伝えよ！

心からの感謝で、人の心は動く

Chapter4 ポイント

プライドは人に向けるのでなく、
「自分の仕事の質」に向けよう

人は理屈では動かない。
相手に共感するところから始めよう

相手が欲しいものは何か？
先読みする

自分の利益と、相手の利益を結びつけて
提案しよう

一度アホをリスペクトしてみる

Chapter 5

アホに左右されずに自分の人生を取り戻せ！

目玉として
スペシャル・ハンバーグ
なんてどうだ？
いいですね！家族連れにもウケそう！
だろ？
あっ
スゴイ！
そちらは写真映え狙いですね？
…ああ
おまえにもらったデータ見てな
いろいろ参考になった

あと子供は何が喜ぶかなぁ
なあ どう思う?
少し当たりが柔らかくなった…かな
Monday Tuesday
3 10 17 18 24 25
プレゼン
社長プレゼンまで
ついに あと3日――
ところが…
WD
企画営業部
部長 お呼びでしょうか?
うん仁野 すまないんだが …

40代以上の男性向け定食系
それで企画を詰め直してほしい
……は？
最終チェックのこの段階で…もう何日もないのにですか!?
それを何とかするのが仕事だろ
でもどうして…まるで方向性が違うじゃないですか
私たちのチームは女性向けの郊外型カフェでここまでまとめ上げたんですよ

社長はこっちのほうが好きだからだよ
そっそれだけ!?
〝一生懸命働いた男性にお金を気にせず満腹になって欲しい!〟
社長はこの志で会社を大きくしてきたんだぞ!
その流れが変わってきたから変えてこうって話でしょうが……
これなら数字が見える!
それだけ大事なんだこれは
だから絶対に失敗はできない!数字が取れる企画が最優先だ!

お前がよくやってるのは知ってる
でも今回ばかりは俺の判断を信じてくれ！
今回ばかりは…
ああ…
こんな終わり方って…
残念だったな
…中島さん…

今回のプレゼン部長はずっと舞い上がってるからな
言ってることがいつも以上にコロコロ変わってみんなも参ってるんだ
だからってひどすぎます
やれることはやったんだ
きっとまたチャンスは巡ってくるだろ…
ありがとうございます
いいとこあるじゃん
大丈夫…ちゃんとやりますから…
そして迎えたプレゼン当日——

ワンダフルダイニング
社長
谷川《たにかわ》 善二郎《ぜんじろう》
では社長
うむ
始めてくれ

……既存路線を
さらに進化させた
ファミリー層が喜ぶ
新ブランドを
ご提案します
…以上です
今の案は
かなり良い所を
突いてるかと
思います！
…うむ
違う…
そんなんじゃない
こんなの
違うんだ…
ガタ
私は――

……増加する孤食市場に向けた和食の新ブランドをご提案します……！
本当にこれでいいの…？
…以上です

…社長
以上ですべてとなりますが
いかがだったでしょう…？
…社長？
ああ
うん…
その…
君たちの案は
どれもよくわかる
しかし…
ヒソ
ヒソ
社長…
気に入らないんだ

それはその つまり どういう…？
いや うーん…
私は 正しかったんだ
やっぱり 社長は 変革を求めてる ……！
なのに…… 私このまま 黙ってていいの……!?
変化は 常に 下剋上のチャンスを もたらすんだよ

ピンチと思ってる時こそ実はチャンスなのさ
ピンチがチャンス……
この世界は常に変化してる
この変化をピンチと捉えるかチャンスと捉えるか
それは本人の考え方次第だ
ひとみちゃんが本気で成功したいと思ってるなら
日頃から準備を怠らないこと…
ぐっ
そしてチャンスがめぐって来たら――

全力で
つかみにいけ！
ガタッ
よろしいでしょうか

ワッ
ザワ
仁野!?
なんだ?
……
ゴク
私は今日のために必死で準備してきたじゃん……
だから…大丈夫!
実はもう一つお伝えしたい案がございます
お前!余計なことを……!
他に企画案があるというのかね?
はい この案は——

この案は…部長は大変評価してくれたのですが！
残念ながら直前に思いついたため私がまとめきれなかった案です
そうなのか？
あ…いえっ それが… ……はい
…せっかくの案だ聞きたいな
未整理でもかまわんよ話してみたまえ
ありがとうございます！
私がご提案するのは
女性向け郊外型カフェ
女性向け郊外型カフェです！

……もちろん既定路線からかなり外れることは承知しております
ですがこれからの時代を生き抜くために
我が社に必要な変革だと思っております！
以上です！

これだ！
こういう新しい風が
私は欲しかったんだよ！
ぱち
ぱち
未整理どころか
完璧じゃないか！
ぜひこの方向で
詰めてくれ
はっ…
はい！
岡和田くん
実りあるプレゼン
だったよ！
へ…？
あ…はい！
ゆっ優秀な部下たちと
今後も励んでいく
所存です！

やったじゃないか
よかったな
今度からはちゃんと事前に言ってくれよ
やった!
私…アホたちと戦わずに乗り切れた……!

ピンチは下剋上を実現するチャンス

業務命令通りに行ったプレゼンだが、社長の反応はイマイチ。「君たちの案はどれもよくわかる」と言う社長だが、自信を持ってゴーサインを出せる企画はなかったようだ。そこで、ひとみの頭に梶の言葉が響く。

「ピンチと思ってる時こそ、実はチャンスの時なのさ」

ひとみは、そのピンチをチャンスと捉えた。この度胸が大事なのだ。

これからの時代は、人類史上、今までなかった大変化が複合して起こる。

そんな時代に**一番大事なのは、誰よりも早く変化の兆候に気付くこと**だ。

変化がまだ「点」のときに気付けば、それが二つの点になったとき「線」が引けて、傾向をつかむことができる。しかし、そのときにはあなた以外にも多くの人がその線の示す傾向に気付いている。だからこそ、**点がまだ一つのときに変化に気付き、誰よりも早く行動を起こす**ことだ。

社長が新業態の企画を募ったのは、今の旧態依然とした企業風土を変革したかったから。プレゼン後に社長が悩んでいる「点」にひとみは気が付いた。

そして、すばやく行動を起こした。もともと自分が温めていた女性向け郊外型カフェを提案したのだ。

その際には、アホとの戦いを回避することも怠らない。「部長は認めてくれていたが、自分が詰め切ることができなかった」と、岡和田を持ち上げた。

その結果、ひとみは部長を出し抜き、郊外型カフェをオープンさせ、下剋上を果たした。

その成功の裏には徹底的な準備と、ピンチをチャンスと捉えるマインド、そして、アホとの戦いを避けるテクニックがあったのだ。

決してメンツは潰さず、
時には自分を下げて提案することも大切！

どんなアホにでも気持ちが届く、たった一つの大切なこと

ひとみが社長に自分の企画を認めさせることができたのは、案自体が社長の琴線に触れたことはもちろん、女性向け郊外型カフェを絶対に実現させたいのだというひとみの〝本気度〟が伝わったのもその一因だろう。

プレゼンに必要なのは、堂々と自分の考えを語ることができる自信だ。その自信は、プレゼンの練習と本気度から生まれる。

日本人は一般的に自己主張が苦手で、プレゼンに弱いという印象がある。上手に自己主張をするには慣れしかない。人の面前で自分の思いを上手に伝えるには訓練が必要なのだ。

人前で緊張しても、言いたいことを忘れずに、理路整然と正確に、コンパクトにわ

かりやすく伝える訓練をしておこう。一番いいのはTEDやYouTubeで上手な短時間のスピーチをたくさん聴くことだ。

そして、練習と同等、いや**それ以上に大切なのは、本気度**だ。マニュアル通りのフレームワークや出来すぎたパワーポイントが本気度を下げてしまうことがある。それよりもどうしても伝えたいものやその理由にフォーカスしよう。

テクニック的な出来は7割くらいでいい。つかえても、ページを飛ばしても、多少数字が間違っていても、それよりも情熱がカギを握る。

「どうしても伝えたい」「わかってほしい」「やりたい」、そういう気持ちを120〜150パーセントの本気度で伝えるのだ。

逆に言えば、**120パーセント超えのエネルギーを投入しないと人の気持ちは動かせない。**

人は数字やグラフで説得されるときもあるが、何度も言うが、しょせんどんなに頭のいい人間であってもコンピュータとは違う。感情に支配されているのだ。だからこそ、感情を揺り動かすのだ。

そして、本気度を伝えるには、準備が大事という話に戻ってくる。プレゼンは何度も繰り返し準備しておこう。うまくいったプレゼンでもさらによくできるはずだ。何度も練習していると、何を訴えたいのかがはっきりしてくる。

資料を見ないでも説明できるくらいになるまでやろう。そこからは本気の情熱だけをぶつければいい。

練習せずに情熱でごまかそうとするのはいけない。情熱が一番大事だが、練習していないプレゼンにはそもそも魂が入っていないのだ。

私もプレゼンに臨む際には、ギリギリまで緊張感を持って練習する。

その緊張感がプレゼン冒頭の〝つかみ〟につながるのだ。そして緊張感を解き放つような情熱で突っ走るのだ。練習しないと準備しないと、その緊張感も情熱も生まれない。物事は準備がすべてなのだ!

アホとは戦わずに、自分の目標に向かって努力する。普段の徹底的な準備も忘れずに――。この単純な真実を胸に止めておくだけで、あなたの人生はグッと楽になり、目標に向かってただ突き進む、楽しい毎日が待っているはずだ。

Chapter5 ポイント

変化の瞬間にこそ、
道を切り拓くチャンスがある

たとえアホだと思えても
決して人前でプライドを傷つけてはいけない

人の心を動かすには、
「準備」と「本気度」が大切

せっかくの人生、目標に向かって突き進む
楽しい毎日をおくろう!

やられた〜〜…
AHO

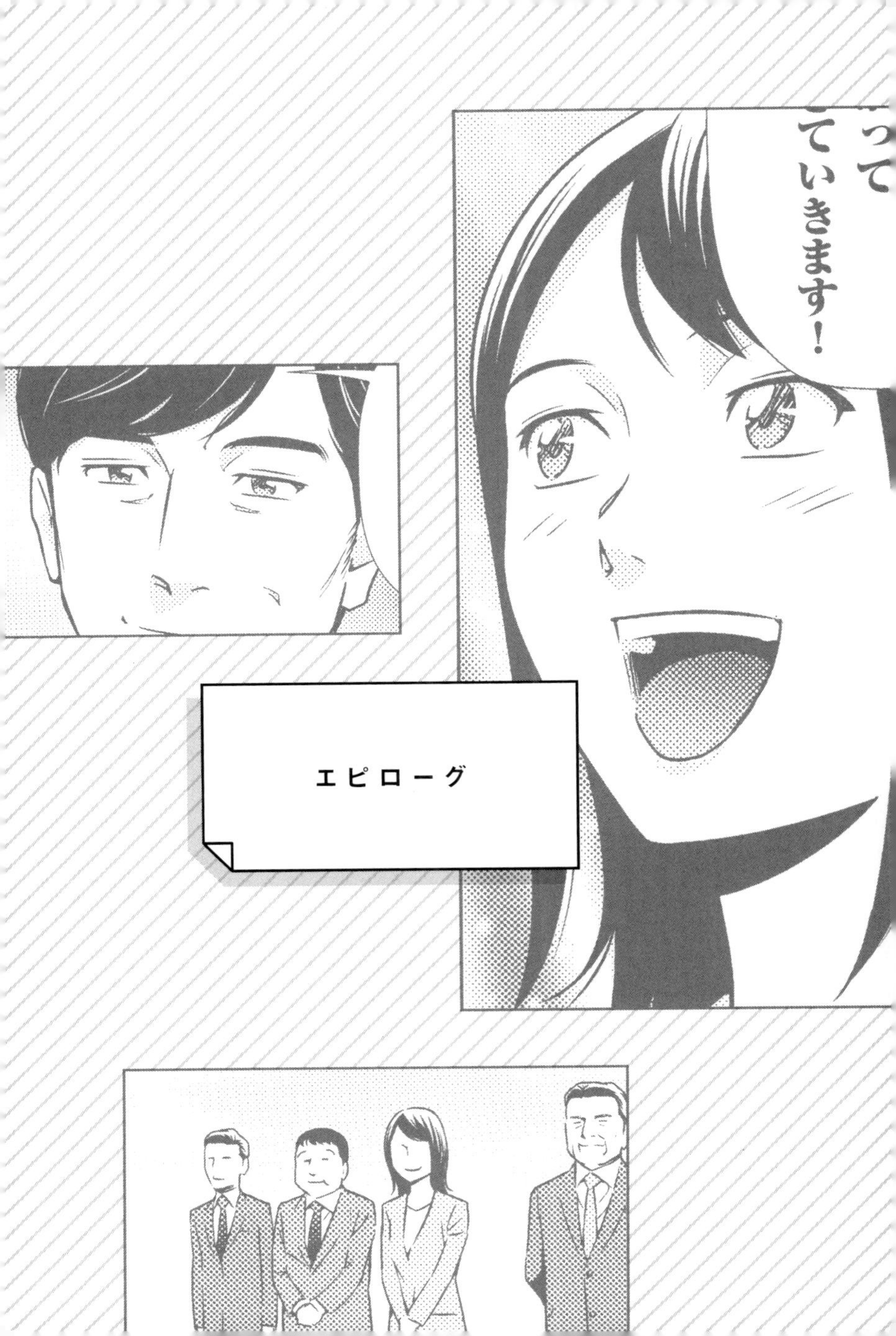
って
ていきます！
エピローグ

Café J'aime
数ケ月後
わい
カワイイ〜!
わい
わい
香りもいいし
美味しいわねぇ
本当ねぇ
いい店だ
期待してるぞ
はい!
がんばります

ひとみちゃ〜ん
梶さん！
お〜！落ち着いてて良い感じの店じゃないの！
お忙しい中わざわざありがとうございます！
ひとみちゃんのためだもん当然でしょ〜
講演会で知り合った女の子たちを誘う口実にもなったしねぇ
うおぅっこらこら
あマスターもようこそ！

…どう？
ここまでこぎつけて
私ずっと自分がまじめに一生懸命やれてるって思ってました…
でも結局自分の怒りやプライドにこだわって…
それに振り回されてただけだったんですね
梶さんがいなかったらどうなってたか…
いやぁ

私もう
自分を
見失ったり
しません！
一度きりの人生を
目標に向かって
一心に生きていきます！
よく言った！
もう大丈夫だね！
えへへ
ところで
どいつがアホなの？
ねえ？
どいつ？
か…っ
梶さん
シー！

あとがき

最後まで『まんがでわかる　頭に来てもアホとは戦うな！』をお読みいただきありがとうございました。

元になった本を書いた2014年より、日本が窮屈になっているように思います。当時より人口はさらに減り、高齢化は進み、デフレ脱却もなかなか難しく、日本社会のあらゆる業界のパイが小さくなり、椅子取りゲーム化が進行しています。

いまだに転職市場も小さく、最初に入った職場以上の待遇ややりがいのある職場を見つけにくくなっています。転職しにくい日本社会では、「ほかに移らないだろう」と安心して、この本でいう「アホ」が出現しやすくなる背景があると思います。

そもそも日本社会は多様性に乏しく、均質性のもとに同調圧力をかけて、結果より規律を重んじる傾向さえあります。

他人との違いを許さず、尊重せず、皆を同じに扱い、〝同じさ〟を強要し、ビジネスで成果を出すことより、同調圧力にきちんと準じることが求められる――。そんな空気が、教育から仕事の場まで、はびこっているのです。
結果として、日本人には、組織から追い出される定年後、目標を見いだせず孤独の中でもがき苦しむことになる人が少なくありません。受験競争を経て、就職ランキングにそって獲得した職場で必死で組織の中で同調することを最優先にしてきたのに、その日本企業は同調してきた人たちを大切にできなくなってきています。
激化するグローバル競争とテクノロジーの進化に追いつけず、国内市場も先細るばかりで、日本企業の生命力は弱まるばかりです。たった一度の奇跡のような人生のなかで、本当の目標を見いだしてこなかった代償は、いつか払わされます。
もちろん、人生に関して100パーセントパーフェクトな解などどこにもありません。仮にそれが見つかったとしても、均質的で同調圧力の高い日本では「自分の人生を生きる」ことは並大抵のことではありません。
でも何事もネバートゥーレイト（遅すぎるということはない）です。
我々の人生はどんどん長くなります。安易に同調に屈して後で後悔するより、思い切って自分の人生を生きるほうが、ずっといいと思います。

この本のエッセンスはここにあります。「アホと戦うな」というメッセージは、まだ読んでいただいていない方々から「そんな上から目線で逃げるだけでいいのか」とよくお叱りを受けます。

「アホと戦わない」ことには〝大目標〟があります。それは「たった一度しかない奇跡のような〝自分の人生〟を生きる」ことです。これ以上の目的はないと言っていいでしょう。

そのためには「アホと戦う」時間とエネルギーは、とても無駄なのです。そして日本社会において「アホと戦えば戦うほど」自分の人生の目標の達成は難しくなります。アホは、いなして利用する存在なのです。「自分の人生を生きる」ために。

主人公のひとみが、反発し悩み苦しみながらも成長するこのストーリーを、私も懐かしく、時にうらやましい想いを抱きながら楽しみました。

私は決して誰かを「アホ」として上から目線で見下しているわけではありません。ひとみ以上に、私はアホそのものだったのです。だからアホのことがよくわかり、眠れない夜を過ごしながらアホと戦う無駄と悔しさを心に刻んで学び、対処法を考えることになったのです。

幸い日本にはこれから大量の外国人がやってきます。観光客もいれば学生もいれば定住する人もいます。世界的に競争力を失う日本企業の多くは、外国企業に買収されたり、大株主の外国人から組織変革を求められていくでしょう。新しいテクノロジーも、嫌がってもなし崩し的に日本社会に入ってきます。

均質社会で同調圧力をかけ続け成り立ってきた日本社会は、劇的に変わるかもしれません。そういう社会では「自分の人生を生きやすく」なるでしょうが、同時に「自分の人生」を人生の早いうちから見つけておくことが欠かせなくなるでしょう。

本書が皆さまにとって、「自分の人生」を見つけ、それを生きることに少しでも役立つことができましたら、それにまさる幸せはありません。

田村耕太郎

制作　トレンド・プロ（福田静香＋檜山萌子）
ブックデザイン　小口翔平＋喜來詩織（tobufune）
編集協力　星 政明
参考文献　D.カーネギー『人を動かす』（創元社）

田村 耕太郎 たむら・こうたろう

国立シンガポール大学リー・クアンユー公共政策大学院兼任教授。ミルケン研究所シニアフェロー、アステリア株式会社（東証一部上場）取締役、データラマ社日本法人会長。日本にも2校ある世界最大のグローバル・インディアン・インターナショナル・スクールの顧問他、日、米、シンガポール、インド、香港等の企業のアドバイザーを務める。データ分析系を中心にシリコンバレーでエンジェル投資、米、中のユニコーンベンチャーにも投資。元参議院議員。イェール大学大学院修了。日本人政治家で初めてハーバードビジネススクールのケース（事例）の主人公となる。著書に『君は、こんなワクワクする世界を見ずに死ねるか！？』（マガジンハウス）、『野蛮人の読書術』（飛鳥新社）など多数。

秋内 常良 あきない・つねよし

東京都稲城市出身。慶應義塾大学卒業後、演劇活動のかたわら映像制作業を開始。その後、小説コンテストの新人賞入賞を機に執筆活動を始め、『マンガでわかる　考えすぎて動けない人のための「すぐやる！」技術』（日本実業出版社）など、人気ビジネスコミックのシナリオも多数執筆。

松枝 尚嗣 まつえだ・なおつぐ

漫画家。少年漫画誌デビュー後、各種商業誌にて活動。『まんがでわかる　LIFE SHIFT 100年時代の人生戦略』（東洋経済新報社）などビジネスコミックの作画も多数担当している。

まんがでわかる
頭《あたま》に来《き》てもアホとは戦《たたか》うな！

2019年3月30日 第1刷発行
2025年3月30日 第9刷発行

著者　田村耕太郎
シナリオ　秋内常良
作画　松枝尚嗣

発行者　宇都宮健太朗
発行所　朝日新聞出版
〒104-8011 東京都中央区築地5-3-2
電話 03-5541-8832（編集）
03-5540-7793（販売）
印刷製本　共同印刷株式会社

ISBN978-4-02-251600-8
定価はカバーに表示してあります。